「人権問題？ おおげさじゃないの？」

文・田中ひろし　絵・荒賀賢二

テレビを見ていたパパが、とつぜんいった。

ね、ママも見てごらん。

「ひきこもりママの孤独」というタイトルがママの目に飛びこみ、ママもテレビの前にすわりこんだ。

引きこもりは男性が多いっていうけれど、どういうことなの？

と、ママ。
するとパパが、知識を披露。

引きこもりは、学校や仕事にいかずに家にこもり、家族以外の人とほとんど交流しない人、それも6か月以上なんだよ。たしか6割くらいが男性だって。

テレビからは、いろいろな女性の声が聞こえてくる。

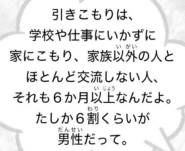

子育てはずっとわたしひとりでやってきた。夫はなにもしてくれなかった。

仕事をやめて家事と育児に専念している。社会から遮断され、外に出られない。

夫は、わたしが家事や育児に手をぬいているとしかる。やる気をなくしてしまう。

長年介護をしていた。自分の親が亡くなり、なにもする気力がない。

番組が終わると、ママが続けざまにいった。ママの言葉はパパにいったようで、
ひとりごとのようでもあった。

子育ては
ずっとわたしひとりよ。
パパは仕事がいそがし
すぎたみたいね。

わたしも、
仕事をやめてから、
家事と育児に
専念しているわ。

それなのに、
パパにはときどき
文句をいわれた
わね……。

おじいちゃん、
おばあちゃんが
亡くなってからは、
ずっとさみし
かった。

パパも、ママにいうともなく
小さな声でいった。

仕事でつかれて
帰ってくるんだよな。
会社でいやなことがあっても、
家にもちこまないように、
がんばって
きたんだ。

みんなが
こまらないように、
ちゃんとお金を
かせいできたし。

男っていうのは、
家族の生活を守るのに
必死なんだよね。

男に
引きこもりが
多いのは、こういった
社会から逃げだしたい
からなんだね。

パパも
ママも大変
なんだ……。

パパとママのやりとりを
みさきはいつのまにか聞いていた。

そんなことがあったあとの土曜日の夜。パパは、出張。
みさきが「アンケートを取らせて。学校の宿題なの」といいながら、ママのところにやってきた。
中学2年生のみさきは、学校で、「家事労働はいくらになるか？」の
授業を受けてきたのだ。

主婦の仕事を
時給にすると、
こうなるんだって。

といいながら、
プリントをママにわたす。

・料理：飲食物調理従事者で考えたとき、
　時給1285円。
　例　1285円×3時間＝3855円（日給）
・そうじ：ビル・建てもの清掃員で考え
　たとき、時給1144円。
　例　1144円×2時間＝2288円（日給）
・洗たく：クリーニング職、洗たく職で
　考えたとき、時給1254円。
　例　1254円×1時間＝1254円（日給）
　　　　　　　　：

ねえママ、
これを参考にして、
ママの場合いくらに
なるか計算して
みて！

そうね、
平日ならすぐ
できるわ。でも、土日は
どうしようかな？　今日は
パパは留守。でも、パパも
休みには家事を手伝って
くれているからね。

この前、
ママとパパが
「ひきこもりママの
孤独」って番組を見たあと、
話しているのを
聞いちゃったんだ。

へえ、そうなんだ！
じゃあ今度パパに、
その分をママにお給料として
あげてって、わたしから
いってみようかな。

はい。できた！
合計26万1750円よ。

え！
なんでそんなこと
思ったの？

そうだったの！
はずかしいわ。
でも、わたしは、
だいじょうぶよ。
お給料ちょうだい
なんていわなくても、
愛とプライドを
もって家事をやって
いるから。

数日後、学校から帰ってきたみさきの目に、新聞の写真が飛びこんできた。
女性議員が赤ちゃんを抱いて議会に出席している写真だった。

そこへママがすかさずいった。

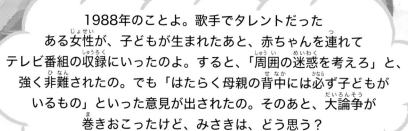

1988年のことよ。歌手でタレントだった
ある女性が、子どもが生まれたあと、赤ちゃんを連れて
テレビ番組の収録にいったのよ。すると、「周囲の迷惑を考えろ」と、
強く非難されたの。でも「はたらく母親の背中には必ず子どもが
いるもの」といった意見が出されたの。そのあと、大論争が
巻きおこったけど、みさきは、どう思う？

なによ。
きゅうにそんなこと
いいだして、
ママったら。

ごめんなさいね。
でもね、パパの会社の
同じ課の産休中だった女性が、
1年たって赤ちゃんを
保育園にあずけようと
したんだけれど、空きがなくて、
会社に復帰できないんだって。
わたしはその話を聞いて、
その大論争から35年もたったのに、
ぜんぜんかわらないんだなぁと、
いやになっちゃって。

そうなんだ。
でも、だいぶよく
なっているんじゃ
ないの？

そうね。国や市区町村なども
いろいろやっているけれど、
実際は女性の人権問題は、
未解決のまま山積みなのよ。

と、ママは
しんみり話した。

とんでもないわ。子どもを
保育園にあずけられないために、
女性がやりたいことができないのは、
人権問題よ。

人権問題？
おおげさじゃ
ないの？

4　　　　　　　　と、このときのママの語気はめずらしく強かった。

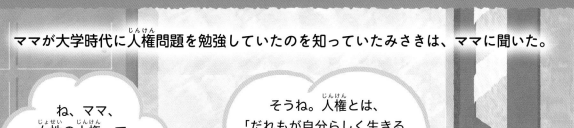

ママが大学時代に人権問題を勉強していたのを知っていたみさきは、ママに聞いた。

ね、ママ、
女性の人権って、
どういうことなの
かなぁ？

そうね。人権とは、
「だれもが自分らしく生きる
ことができる権利」のこと。
女性でも男性でも、だれにでも
権利があるの。女性だって、自分らしく
生きることをじゃまされない権利がある。
仕事をしたくてもできないというのは、
人権が侵害されている
ことなのよ。

侵害？

他人の権利を
侵すことね。権利を
行使するのを
じゃますることよ。

そうね。
みさきにもだんだん
わかってくるわ。

よけい
わかんないかも？

そこへ、つかれた顔をしてパパが帰ってきた。

おかえりなさい。
おふろ
わいているわよ！

とママ。

ママ、
いつのまに？
いいとこ
あるんだ！

パパがおふろから出てきたので、
食事がはじまった。
と、みさきがいきなり
パパに聞いた。
「ねえ、パパ、ママが昔、
人権問題を勉強してたのを
知っている？」

え、そうなの？
ママ。
学生のときか？

と、おどろくパパ。

昔のことよ。
みさきが生まれて、
おじいちゃんもおばあちゃんも、
からだが弱かったでしょ。だから、
わたしは介護と専業主婦を選んだの。
パパもちゃんとはたらいてかせいで
くれたから、外ではたらか
なくてもすんだのよ。

と、ママがいうと、
パパが、
ぼそっといった。

人権問題を
学んでいたママの
人権問題を
起こしていたのか？
パパが……！

そんなことは
思っていないから、
安心して。

とママ。

ほんとか？でも、
この前「ひきこもり
ママの孤独」を見たあと、
『子育てはずっとわたし
ひとりよ』
といってただろ。

あら、
聞いていたの？

とパパ。

もちろんだよ。
しかもママの給料は
26万1750円なんだって！
みさきに聞いたよ。

えっ、みさきったら、
パパに話したの？

その金額は、
ぼくの給料の半分！
パパは、どうしたら
いいのかな？

いいんじゃない？
ママも、パパの土日の
手伝いを、ママの半分だと
評価していたよ。

と、みさきがいうと、
「そうなの？」と、
パパは満足そうだった。

ママの
人権問題の話は、
ここまでにしていいかな?
パパの会社の人権問題の
話をしてもいい?

うちの会社に
インドネシアから来た
研修生がいるんだけれど、
宗教のきまりで、常にスカーフを
しているんだよ。
それをみとめるかどうかを
議論しているってわけ。

えっ、
まだそんななの。
パパの会社は世界中に
進出しているんでしょ。
そういう企業でも、そうなのね。
やはり、日本はおくれているわ。
パパはどう思うの?

と、ママはパパにきびしい。
すると、みさきがいった。

ママってやっぱり、
人権侵害の女性差別に
鈍感な人たちに対しては、
きびしくいうのね。
パパにも、もっときびしく
してもいいかもね。

そうしましょうね。
今日は、ビールの
おかわりはなしね!

とママ。

専業主婦とはなにか、
みさきは辞書で調べた。
「就業せず、家事に専念する女性。
多くは、税制上課税所得に達せず、
扶養家族とみなされる妻のことをいう」
(『大辞林』)とある。
女性が社会進出する一方で、専業主婦の
半数以上が罪悪感を感じているという
記事も見た。なんで?
「親の背中を見て育つ」というけれど、
女性の人権に関心をもちはじめた
みさきだった。

専業主婦だけど、引きこもりではないママがいる。
みさき一家のお話、おしまい。

はじめに

「人権問題？　おおげさじゃないの？」というお話をどう感じましたか？　主題はなんだと思いますか？　お話は、新聞やテレビをにぎわした女性の人権問題に関する３つの事件などを例にしながら、展開していきます。いちばん古いのが1988年の事件、次が2017年のニュース、最新が2023年にNHKが放送した「ひきこもりママの孤独」という番組。これらから女性の人権問題を考えてみたのが、このお話です。

　一般に、人権関係の話というとたいていは、女性が社会に出たくても出られない状況をえがくことが多いのですが、このお話のユニークな点は、登場するママが、プライド（→4巻p14）をもって専業主婦をやっているという設定になっているところです。

　じつは、ぼくたちは、このお話をとおして次のようなことを読者のみなさんといっしょに考えてみたいと思っているのです。

- そもそも「女性の人権問題」とは、なにか？
- 家事労働を金額にするとどのくらいになるのか？
- 子育てと女性の人権
- 日本の女性の人権意識
- 専業主婦はいけないのか？　外ではたらくべきなのか？

もとより「人権」とは、「自分らしく生きる権利」のことだといわれています。でも、女性が「自分らしく生きる」とはどういうことでしょうか？　その答えは、みなさんといっしょに本文でくわしく考えていくとして、ここでは、日本国憲法（→1巻p26）や世界人権宣言（→1巻p22）が男女の同権・平等を定め、女子差別撤廃条約（→1巻p22）は社会のさまざまな場面における女性差別の禁止を求めていること、また、男女雇用機会均等法（→p11）、男女共同参画社会基本法（→p30）などの法律がすでに整備されていることを明記しておきます。

　近年、学校でも人権学習がさかんにおこなわれています。そこでぼくたちは、みなさんの人権学習を少しでも応援したいという願いから、このシリーズをつくりました。

①そもそも人権って、なに？　　無視じゃない！
②子どもにだって人権はある！　　ぼくもヤングケアラー？
③考えよう！障がい者の人権　　マリア先生は宇宙人？
④年をとると人権が少なくなるの？　　オムツなんていやですからね
⑤女性の人権問題とは？　　人権問題？おおげさじゃないの？
⑥外国人の人権って？　　「外国人」って、だれのこと？

それでは、この６巻で、人権についてしっかり学んでいきましょう。

子どもジャーナリスト
Journalist for Children　稲葉茂勝

もくじ

男尊女卑・男女平等

1

「男尊女卑」とは、男性を重くみて女性をかろんじること。また、そのような考え方や風習をいいます。日本でも、男尊女卑の時代がありました。男女平等がとなえられるようになったのは、戦後のことです。

奈良・平安時代は女系社会

日本では、かつて女性が男性よりも尊重されていました。奈良・平安時代には、結婚も子育ても女性に大きな発言権があったといわれています。当時の女性は、自分の意思はもちろん、相談する相手も母親がふつう。家の財産を引きつぐのも女性でした。一方、父親にはさまざまなことに関しての決定権がほとんどありませんでした。そうした社会を「女系社会」とよんでいます。

「大原女」（写真左から3、4番目）は、京都の大原から、頭に薪や炭などを乗せてまちへ行商に出向いたはたらく女性。鎌倉時代から、昭和時代初期まで約800年にわたって活躍した。
歌川広重作「東海道　五十五　五十三次　大尾　三条大はし」

鎌倉時代・室町時代までの女性

平安時代なかごろになると武士の集団が活躍するようになりました。武士は男性だったので、男性が外で戦い、女性は妻として家を守るのが当然という生活のかたちが登場。そうしたなか、家庭での女性の力が弱まっていきます。それでも、鎌倉幕府では、女性が政治の実権をにぎることがありました。まちなかでは、女性が商売をするようになり、社会で重要な役割をはたしていました。商売では、女性だけの仕事も多く、女性の権利がみとめられていました。

男尊女卑の時代に突入

男尊女卑が明確になったのは江戸時代でした。「三下り半」[*1]、「女衒」[*2]などの言葉に象徴されるような、女性の人権侵害が横行していました。女性にあたえられる権利はかぎられていて、家庭内での地位も低くされていました。

江戸時代には身分制度があり、社会に大きな格差が存在していました。武士が大きな力をもち、社会の頂点に立っていたのです。そうしたなか、武士の家に生まれた女児は武士になれない。すなわち、生まれた時点で女性差別があったのです。武士の家の女性は、ほとんど社会に出ることはなく、読み書きの能力をつけて、琴や茶道を学ぶのがよいとされていました。

江戸時代は、そうした武士が社会の頂点にあったので、社会全体も男尊女卑だったわけです。

＊1 離縁状のこと。離婚を決めたことや妻の再婚を許可することを、三行半（3行と半）にまとめた1枚の紙切れを妻にわたし、かんたんに離縁したことをさす。
＊2 女性を売りとばす商売をする人。

日本の男女平等

日本では、女性と男性とが不平等だった時代が長く続いていました。ところが、20世紀になると、女性の権利をうったえる人物があらわれます。

平塚らいてう（→p30）という女性が女性の解放をうったえ、青鞜社を設立し、1911年に女性向け文学雑誌『青鞜』を発刊。女性解放運動の活動家として、戦前から戦後にかけて活躍します。第二次世界大戦後には婦人運動も推進しました。

また、戦後、GHQ（→p30）が日本を占領。それまで、男性のみにみとめられていた参政権[*3]を女性にみとめました。すると、にわかに「男女平等」の考え方が日本中に大きく広がったのです。

＊3 国民の代表を選ぶ選挙権、また代表に立候補する被選挙権など、政治に参加する権利のこと。

戦後40年が過ぎて

その後の日本では、男女平等に関する目立った動きはありませんでした。1985年になってようやく、雇用に関する男女の不平等をなくすための「男女雇用機会均等法」が成立（翌年から施行）。この法律により雇用の際、募集や採用、配置、福利厚生、退職、解雇などにおいて、男女の差別的なあつかいが禁止されました。

その後、「育児休業法（現在の育児・介護休業法→p30）」がつくられ、「家族的責任を有する男女労働者の機会及び待遇の均等に関する条約（→p30）」に批准しましたが、労働関係以外での権利の保障などは実現されませんでした。

男女平等社会を目指す社会活動全体への取りくみがはじまったのは、1999年の「男女共同参画社会基本法（→p30）」の成立を待つことになりました。

青鞜社のメンバー。右からふたり目が平塚らいてう。

ジェンダー平等とは

2

「ジェンダー平等」とは、すべての人（男も女も、「LGBTQ＋（→3巻p19）」も）に平等に権利があることを意味する言葉。そもそも「ジェンダー」は「社会的な性」といわれていますが、どういうことでしょうか？

セックスとジェンダー

人間の性別には、生まれながらの、生物学的な性別である「セックス（sex）」と、社会のなかでの役割としての性別の「ジェンダー（gender）」の2種類があります。日本では、赤ちゃんが生まれてから14日以内に役場に出生証明書を提出することになっていますが、その際に書く性別がセックスです。

一方、「ジェンダー」は、社会のなかの共有の価値観によって決められた性別のこと。すなわち、男女の役割を指します。

かんたんな例でいえば、外ではたらくのは男の役目、子どもを産み育てるのは女の役割というようにつかわれる性別がジェンダーです。これは、その人の役割がかわればかわることがあります。

SDGsの目標5

近年、「ジェンダー平等」という言葉が、世界中でいわれるようになりましたが、そのきっかけのひとつは、SDGs（→2巻p17）の目標5のテーマに「ジェンダー平等を実現しよう」と記されたことにあります。

SDGsの目標5では、このテーマのもと「ジェンダー平等を達成し、すべての女性及び女児の能力強化を行う」という目標（ゴール）が示されています。また、そのゴールとともに、「女性及び女児に対するあらゆる形態の差別を撤廃する」「未成年者の結婚、早期結婚、強制結婚及び女性器切除など、あらゆる有害な慣行を撤廃する」「無報酬の育児・介護や家事労働を認識・評価する」といった具体的な目標（ターゲット→p14）も示されました。

もっとくわしく

トランスジェンダー

「トランスジェンダー（Transgender）」は、生まれながらのからだの性と、心の性が一致していない人をさす言葉。LGBTQ＋のTにあたる。くわしくは3巻19ページ参照。

ザンビアの少女たちに、早期結婚をさける方法を教える支援団体。

ジェンダーギャップ指数

「世界経済フォーラム（→p30）」という団体が、2006年から毎年発表しているのが、「ジェンダーギャップ指数（GGI：Gender Gap Index）」です。これは男女平等格差指数ともよばれ、各国の男女格差を数値化したもの。「経済」「教育」「健康」「政治」の4分野で集計し、各国の男女格差を、0（完全に不平等）から1（完全に平等）までの指数にして示しています。

2023年のGGIによると、日本の総合順位は世界の146か国中125位で、過去最低となりました。これは、先進国のなかで最低レベルで、アジアでも韓国や中国より低い結果でした。とくに「経済」と「政治」では順位が低く、「経済」が123位、「政治」は138位と低迷していました。ただし「教育」が47位、「健康」は59位と高順位となっています。

下の図は125位の日本を、1位のアイスランドと、また、世界平均と比較したもの。4つの分野で比較しています。

●ジェンダーギャップ指数総合順位（2023年）

順位	国名	値
1	アイスランド	0.912
2	ノルウェー	0.879
3	フィンランド	0.863
4	ニュージーランド	0.856
5	スウェーデン	0.815
6	ドイツ	0.815
15	イギリス	0.792
30	カナダ	0.770
40	フランス	0.756
43	アメリカ	0.748
79	イタリア	0.705
102	マレーシア	0.682
105	韓国	0.680
107	中国	0.678
124	モルディブ	0.649
125	日本	0.647
126	ヨルダン	0.646
127	インド	0.643

出典：世界経済フォーラム「Global Gender Gap Report 2023」

●ジェンダーギャップ指数比較（2023年）

- アイスランド（0.912） 1位／146か国
- 日本（0.647） 125位／146か国
- 平均（0.684）

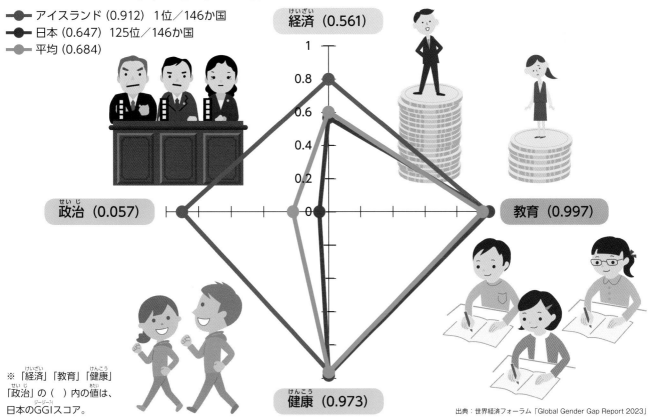

経済（0.561）

政治（0.057）

教育（0.997）

健康（0.973）

※「経済」「教育」「健康」「政治」の（ ）内の値は、日本のGGIスコア。

出典：世界経済フォーラム「Global Gender Gap Report 2023」

信じられない世界の女性の人権侵害

12ページに「未成年者の結婚、早期結婚、強制結婚及び女性器切除」とありました。どういうこと？　と、思いながら読みとばした人もいるでしょう。こうしたショッキングな言葉が、SDGsのターゲット（具体的目標）には明記されているのです。

SDGsのターゲット

SDGsは、人類を持続可能にするために、人類が達成しなければならない17個の目標を示したもの。また、17個の目標とともに、1目標におよそ10個、全部で169個の「ターゲット」とよばれる具体的な目標が示されています。

ターゲットに書かれたことは、逆にいうと、世界の現状。「未成年者の結婚、早期結婚、強制結婚及び女性器切除など、あらゆる有害な慣行を撤廃する」と書かれているということは、すなわち、そうした「有害な慣行」が世界各地でおこなわれていることを示しているのです。これが、信じられない女性の人権侵害ということなのです。

今も深刻な女性の人権侵害

今も世界では、深刻な女性の人権侵害が起きているのはたしかです。自由をうばわれたり、殺されたりする女性たちがあとを絶ちません。

戦争下での女性に対する暴力、「名誉」の名のもと、恋愛しただけで殺される「名誉殺人＊1」、子どもなのに結婚させられる「少女婚」、DV＊2やレイプなどの深刻な女性に対する暴力、強制売春などの人権侵害が横行しているのです。

ノーベル平和賞を受賞した少女マララ・ユスフザイさんがうったえたとおり、こうした状況の根底には女性や少女に対する差別があり、少女にはじゅうぶんな教育があたえられずに、夢をかなえることができない、という問題があるのです。

もっとくわしく

マララ・ユスフザイ

1997年、パキスタン生まれの人権活動家。教師である父親の影響で女性を取りまく不平等を知り、女性の教育を受ける権利を主張した。2012年には、女子教育に反対する反政府勢力のタリバン（→6巻p20）に下校中に銃撃され、重傷を負ったものの奇跡的に回復。翌年、女子教育を支援するマララ基金を設置した。2014年には史上最年少となる17歳でノーベル平和賞を受賞している。

イギリスのロンドンでスピーチをするマララ・ユスフザイさん。

＊1　婚外性交渉や親のみとめない交際などをした女性を、一族の名誉を汚した者として家族が殺害すること。
＊2　Domestic Violence の頭文字をとったもの。配偶者（元配偶者をふくむ）やパートナーなど、親密な関係にある人からふるわれる暴力のこと。

日本でもあった？

未成年者の早期結婚や強制結婚は、男尊女卑の時代には、ヨーロッパでも日本でもおこなわれていました。11ページでふれた「女衒」も暗躍していたのです。

世界では、今でも女性がそんなにひどいことをされているのか？ なかには、それは遠い国のこと、日本には関係ないと思う人もいるでしょう。でも、日本でも、昔は、女性の人権侵害が平気でおこなわれていたことをわすれてはいけません。日本で男女平等の必要性がみとめられ、実現しはじめたのは、ヨーロッパやアメリカと比べるとかなりおそかったのです。

身近にある女性に対する暴力や搾取

日本でも、深刻な女性に対する暴力や搾取に苦しんでいる人たちがいます。「約4人に1人の女性が配偶者から暴力を受けたことがある」とまでいわれているのです。近年、日本では、DVやストーカーの被害が深刻化しています。多くの女性が声をあげることができずに苦しんでいるといいます。また、だまされてアダルトビデオに出演させられるといった被害も増加しているといいます。これらは、女性に対する重大な暴力であり、深刻な人権侵害です。

内閣府の調査（2020年度）によると、女性の約14人に1人が「無理やりに性交等をされた経験がある」と回答しています。ところが、警察庁の統計（2018年）によれば、1年間に認知された被害は、1307件。起訴された事例は、そのおよそ3分の1の492件にとどまっているのです（「検察統計年報」より）。

2018年3月8日の「国際女性デー＊3」に、スペインのマラガ市に数千人の女性が集い、男女平等をうったえた。

＊3 1975年に国連が提唱、1977年に制定された記念日。女性のさらなる前進に向けて話しあう日として設けられた。

女性が男性より下に
あつかわれる理由

3

女性が男性より下にあつかわれることは、現在も世界中で起きています。
アメリカやスウェーデンのような、日本より男女平等が進んでいる
国でも同じです。3つの国を比べながら考えてみましょう。

男性が優遇されていることとは

日本は、男女平等が世界のなかでもおくれていることは、13ページで見ました。一方、アメリカやスウェーデンは、世界のなかでも進んでいる国として知られています（スウェーデンは、「ジェンダー平等先進国」といわれている）。ところが、そのアメリカやスウェーデンでも、国民は、女性が男性より下にあつかわれていることがあると感じているというのです。

そこで、アメリカ、スウェーデン、そして日本の3か国の国民が「どういうことで、女性が男性より下にあつかわれていると感じているか」、逆に「どういうときに男性が女性より優遇されていると思うか」について、内閣府の男女共同参画局がおこなった調査（1995〜1996年）を見てみます。

右の3つのグラフからわかるのは、3か国ともに、「社会通念・慣習・しきたりなどが根強い」がいちばん多くなっていることです。ところが、アメリカ、スウェーデンでは、社会通念と同じように「育児、介護の制度などが整備されていない」が高くなっていますが、日本は、そうでもありません。

●男性が優遇される原因として考えられること

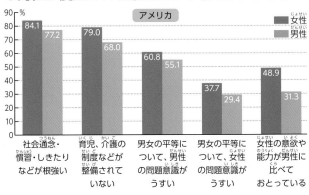

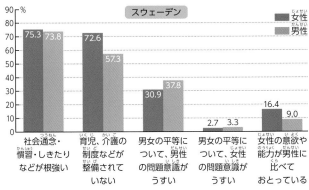

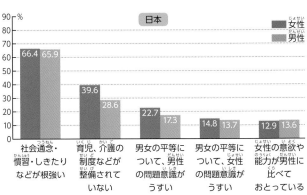

出典：男女共同参画局「男女共同参画に関する4か国意識調査」平成7年度・平成8年度

日本のふしぎ

左ページのグラフを見ると、日本では「男女の平等について、男性の問題意識がうすい」「女性の問題意識がうすい」「女性の意欲や能力が男性に比べておとっている」などは、男性が優遇されている原因としては、どれも低くなっています。これは逆に見ると、男性も女性も問題意識をもっていること、また、女性の意欲も能力もおとっているとは思われていないことになります。

それだけに、「社会通念・慣習・しきたりなどが根強い」ために男性が優遇されていると考えてしまうのです。

小学3年生の作文

ここに紹介するのは、福島県会津若松市がおこなった「会津若松市男女平等に関する作文コンクール」で、小学生低学年の部で優秀賞に選ばれた「女の校長先生」という作品です。

この作品からも、日本の「社会通念・慣習・しきたりなどが根強い」ことが読みとれます。小学校3年生（当時）が感じた、日本の男女不平等の現状を読みとってください。

「社会通念・慣習・しきたりなどが根強い」ために男性が優遇されていると考える人が多いのなら、そう思う人がみんなで、その原因を取りのぞくようにすればいいわけだね！

「女の校長先生」

わたしは、校長室の前を通りました。れき代の校長先生のしゃしんが9まいもかざってあります。その時、かみが長い女の人のしゃしんがあることに気がつきました。

「女の人も校長先生になれるんだ。」と、わたしははじめて知りました。お母さんにそのことを話すと、びっくりして、「お母さんの子どものころは、女の校長先生は一人もいなかったよ。さいきんはたまに女の校長先生がいるみたいだけど、まだまだめずらしいよね。」と言っていました。どうして男の人ばかり校長先生になるんだろう。ふしぎに思いました。世の中の人たちが、校長先生は男の人の仕事だと思いこんでいるからなのでしょうか。でも、わたしがようち園の時の園長先生は女の人でした。だから女の人だって校長先生になれると思います。

女の先生はたくさんいます。それなのに、女の校長先生はとても少ないです。校長先生になるには、いろいろなけいけんやしけんがひつようだそうです。女の人が校長先生になりたいと思っても、もしもけっこんしていて子どもがいたりしたら、先生の仕事と家事や子そだてをしながら、べん強するのは大へんだから、あきらめてしまうのでしょうか。女の人もできる力を

もっているのに、その力をむだにしてしまっては、もったいないと思いました。

たしかに女の人しか子どもはうめないけど、家事や子そだては、男の人にもできます。だからといって、男の人が全部やればいいということではありません。女の人と男の人がきょう力すれば、どちらもすきなことをできるのだと思います。校長先生になるのはむずかしいから、男はできても女はあきらめるという考えをやめないと、男女が平どうにはならないのです。

わたしにはゆめがあります。学校の先生になることです。そして男の子も女の子も、やりたいこと、すきなこと、自分のゆめや目ひょうをかなえられるように教えられる女の校長先生になりたいです。そのために、水泳が大のにが手なので、50m泳げるように練習しなければいけないなぁと思いました。お母さんにこの事を話したら、「三年生らしく、おべん強だけではなく、お手つだいや身のまわりをきちんとすることもできるようにがんばらないとね。」と言われました。家のお手つだいをしっかりして、いろいろな事をおぼえたいです。そうすれば、だれかがこまっている時、助ける事ができるかもしれない、と思いました。

出典：福島県会津若松市「令和3年度『会津若松市男女平等に関する作文コンクール』入選作品集」

日本における女性の社会進出

4

近年日本では、女性の意識の変化とともに女性の社会進出がかなり進んできました。でも、女性の管理職割合や正規雇用率は男性に比べて低く、さまざまな課題が残っています。

女性の社会進出の現状

そもそも「女性の社会進出」とは？　その答えを一言でいうと「社会で女性が活躍する機会がふえていくこと」です。

総務省統計局の「労働力調査」によると、2022年の女性（15〜64歳）の就業率*は、72.4%でした。約30年前の1990年の調査結果では55.7%だったことから、女性の就業率が大きく上昇していることがわかります。

●就業率の推移

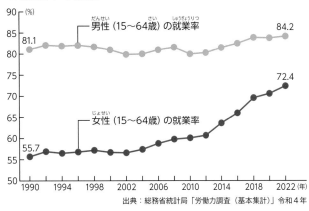

出典：総務省統計局「労働力調査（基本集計）」令和4年

女性がはたらくことへの意識変化

女性がはたらくことに対する人びとの意識も変化してきているといわれています。

内閣府がおこなった「男女共同参画社会に関する世論調査」（2022年度）では、「夫は外で働き、妻は家庭を守るべきである」という考え方について、「賛成」と回答した人は33.5%、「反対」と回答したのは64.3%という結果でした。

「賛成」としたのは、前回調査（2019年度）の35.0%から1.5ポイント減少し、「反対」とした回答は前回の59.8%から4.5ポイント増加。

「反対」と答えた理由としては、「固定的な夫と妻の役割分担の意識を押しつけるべきではないから」が70.8%で、「夫も妻も働いた方が、多くの収入が得られると思うから」が44.8%、「妻が働いて能力を発揮した方が、個人や社会にとって良いと思うから」が40.0%という結果となりました。

*15歳以上の人口に占める就業者の割合。

家事や育児と仕事を両立するために、非正規雇用を選ばざるをえない女性もいる。

もっとくわしく
非正規雇用

正規雇用（正社員の雇用）以外でやとわれる雇用形態。非正規雇用でやとわれる人を非正規雇用労働者といい、一般的にはパートやアルバイト、契約社員、派遣社員といった労働者のことを指す。正規雇用に比べ、給料や福利厚生などの待遇が悪かったり、雇用が不安定だったりするが、労働時間の調整ができるため、家事や育児にあわせて比較的自由なはたらき方ができる。

はたらく女性の半数が
非正規雇用

総務省統計局によると、2022年における非正規雇用労働者は2101万人（全雇用者の36.9％）。そのうち女性が1432万人（女性の全雇用者の53.4％）、男性が669万人（男性の全雇用者の22.2％）という結果となりました。これにより、はたらく女性はふえているものの、その半数以上は非正規雇用ということがわかります。

非正規雇用での就業では、昇給や出世の機会があたえられないことが多く、女性の活躍に結びつきにくくなってしまっているといわれています。

こうしたなか、女性管理職の割合が１割程度と国際的に見て低水準だったり、男女間の給与格差が解消されなかったりといったことも問題となっています。

女性の社会進出をさまたげる
妊娠・出産・育児

日本で女性の社会進出が進まない背景として、出産・育児との両立がむずかしいことがあげられています。女性の多くは、妊娠・出産を機に、仕事か、子育てかの二者択一をせまられるといいます。

それは、厚生労働省委託事業の調査でも明白。妊娠を機に退職した理由として「仕事と育児の両立のむずかしさ」がもっとも多くあげられているのです。下は、その調査でわかった妊娠を機に仕事をやめた理由です。

●妊娠判明当時の仕事をやめた理由（女性・正社員）

理由	割合
仕事を続けたかったが、仕事と育児の両立のむずかしさでやめた	41.5%
家事・育児により時間をさくためにやめた	29.2%
勤務地や転勤の問題で仕事を続けるのがむずかしかった	26.2%
妊娠・出産や育児を機に不利益な取りあつかい（解雇、減給等）を受けた	16.9%

出典：厚生労働省委託事業、株式会社日本能率協会総合研究所「令和2年度仕事と育児等の両立に関する実態把握のための調査研究事業 報告書」

日本における女性の社会進出と少子化の関係

5

女性の社会進出をさまたげる原因が、妊娠・出産・育児であることはまちがいありません（→p19）。でも、そのことが、日本で問題になっている少子化と関係しているか、いないかについては、あいまいになっています。

女性の社会進出と少子化の関係

　女性の社会進出は、少子化に関係しているといわれています。実際、専業主婦世帯が主流だった1980年の合計特殊出生率＊は1.75、共働き世帯数がはじめて専業主婦世帯数を上回った1992年は1.50だったのですが、それよりずっと女性の社会進出が進んだ2022年には1.26となりました。

　これらの数字をもって、女性の社会進出と少子化とは、ある程度関係していると考える人が一定数いるのです。

●出生数の推移と、合計特殊出生率の推移

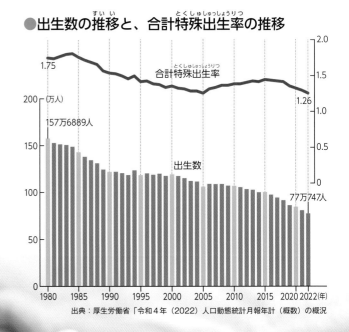

出典：厚生労働省「令和4年（2022）人口動態統計月報年計（概数）の概況

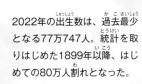

2022年の出生数は、過去最少となる77万747人。統計を取りはじめた1899年以降、はじめての80万人割れとなった。

＊ひとりの女性が、生涯に産むと見こまれる子どもの数。この数値が低くなると少子化が進んでいることになる。

「女性の社会進出こそが少子化の元凶」はウソ!?

どんどん深刻化する少子化の背景には、はたらく女性の存在があるといわれてきました。

しかし、国際的に見ると1970年ごろまでは、その国の女性の労働力率と出生率はたしかに「女性が働くから少子化」といえるような傾向が見られていましたが、1990年にはそうした関係は見られないことが統計的に示されるようになりました。統計をもとに「女性が働くほど子どもが減るという関係性はない」というのです。しかも「専業主婦世帯のほうが子なし家庭の割合が高い」と分析結果を示す人もあらわれました（ニッセイ基礎研究所生活研究部人口動態シニアリサーチャー天野馨南子さん）。

天野さんは、「これも意外、と思う人が非常に多いデータの1つですが、18歳未満の子どもをもつ世帯において、専業主婦世帯で最も多いのは一人っ子家庭で、半数の2世帯に1世帯を占めています。一方、共働き世帯では2人きょうだい家庭が最も多くなります。また、子ども3人以上の多子世帯も共働き世帯の方が高い割合となります」として、「専業主婦よりも共働き女性の方が子どもを多くもつ、という結論になります」といっています。

> 女性の社会進出と少子化は、関係があるのかないのか？　残念ながら、どちらが正しいかは、ぼくたちにはわからない。でも、これだけはいえるよ。女性の社会進出には妊娠や出産、育児が大きく影響している！

総務省統計局の調査（2022年）によると、専業主婦世帯は全体の約3割、共働き世帯は約7割だった（→p28）。

家事を金額にするといくらになるかの試算

家事や育児は、一生懸命がんばっても収入になるわけでもなく、評価されることもあまりありません。では、家事としてやっている仕事にお金をはらうとしたら、いくらぐらいになるのでしょう。

家事も労働

　家事とは、家庭での日常生活におけるさまざまな仕事や作業のこと。料理、洗たく、そうじ、買いものなどを意味しますが、いくらはたらいてもお金をもらえるわけではありません。そこで、料理やそうじなどの家事のほか、育児、お年寄りの介護など、家庭での仕事を人にたのんでやってもらったとしたら、いくら支払わなくてはならないのかを試算した資料があります。内閣府がおこなっている「無償労働（→p30）の貨幣評価」（ただではたらいた仕事に値段をつけること）の2021年の調査によると、1年間の家事労働の合計は約143.6兆円（OC法）で、名目GDP（国内総生産→p30）の3割弱に相当することがわかりました。実際には、家事労働はGDPの計算にはふくまれませんが、その価値を評価すればそれだけの金額になるということです。

●家事労働をお金に換算する方法

OC法：「仕事にあてることもできた時間を家事に費やした」として、「家事をしているあいだに仕事に出ていればかせぐことができた賃金」を家事労働費に換算する。

（例）1534円*1 × 7時間*2 × 30日*3
　　　＝32万2140円（月収）

*1 厚生労働省が調査（2021年）した30〜34歳の女性の時間給。

*2 総務省の「社会生活基本調査（2021年）」による6歳未満の子どもがいる家庭で、妻が1日のうち家事に費やす時間。正確には7時間28分だが、ここでは7時間とした。

*3 基本的に休みがないので月収の計算を1か月＝30日とする。

RC-G法：家事代行サービス就業者の給与を家事労働の金額とみなす。

（例）1138円*4 × 7時間 × 30日
　　　＝23万8980円（月収）

*4 社団法人日本臨床看護家政協会が実施した賃金実態調査の結果をベースに、その後の厚生労働省「賃金構造基本統計調査」の「その他の生活関連サービス業」の賃金率の伸び率で延長した（2021年）。

RC-S法：家事にふくまれる作業をそれぞれ内容が似ている専門職の時給*5におきかえる。

（例）料理（1285円×3時間）＋そうじ（1144円×2時間）＋洗たく（1254円×1時間）＋買いもの（1328円×1時間）
　　　＝8725円（日給）
　　　8725円×30日＝26万1750円（月収）

育児もある場合は、保育士の平均時給1502円を7時間分上乗せすると、日給1万9239円、月収57万7170円となる。

*5 厚生労働省「賃金構造基本統計調査」の職種別ひとりあたりの活動ごとの時間給（2021年）。

近年、男性が家事に費やす時間はふえており、2021年には2時間弱（1日あたり）となった。しかし、女性は約7.5時間で、いまだ男女差が大きいことがわかった。

家事労働への評価

　先の調査によると、未婚・既婚、専業・共働きをふくめ、家事の約8割を女性が負担しており、内閣府は「女性の社会進出が進み、家事や育児の一部を企業や保育所などに任せれば、産業が振興して経済成長につながる可能性がある」と指摘しています。

● 家事労働の貨幣評価額と構成割合（2021年）
（有業・無業配偶状況別／OC法）

男性無業有配偶
6.9兆円 4.8%

男性有配偶以外
9.0兆円 6.3%

男性有業有配偶
16.4兆円 11.4%

女性有業有配偶
44.7兆円 31.1%

女性有配偶以外
24.6兆円 17.1%

女性無業有配偶
42.1兆円 29.3%

出典：内閣府「無償労働の貨幣評価」（令和5年）

　もちろん、日本の経済成長には女性の活躍が必要ではありますが、「無償労働の貨幣評価」は、家事を労働とみなし、社会的にしっかり評価しようと警鐘を鳴らすものです。いいかえると、女性差別をなくすには、女性が社会にどんどん出られるようにすると同時に、家でおこなう無報酬の労働をもっと高く評価しなければいけないということなのです。SDGsの目標5にも、「無報酬の育児・介護や家事労働を認識・評価する」といった具体的な目標（ターゲット→p14）が示されています。

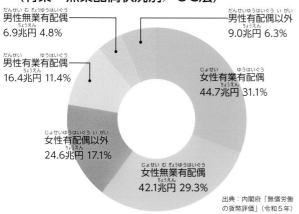

女性の社会進出が進んでいくように、男性の家庭進出がふえていけば、家庭での男女平等が進むかもしれないね。近年では、「イクメン」や「カジダン」というように、育児や家事に積極的な男性がふえているよ。

6 国や自治体の 女性問題への取りくみ

日本国憲法（→1巻p26）には個人の尊重、男女の同権・平等が定められています。
しかし実際にはさまざまな場で、まだ男女の不平等が見られます。
もっと女性が活躍できる社会が必要となっています。

ジェンダー平等な社会をめざして

11ページでも記されているように、日本では男女平等の考え方がなかなか広まりませんでした。男女平等社会をめざす社会活動全体への取りくみがおこなわれるようになったのは、1999年の「男女共同参画社会基本法（→p30）」の成立からです。「男女共同参画社会」とは、男性と女性が、対等な立場で、あらゆる分野の活動に参加し、力をあわせてつくっていく社会のことです。英語表記では、「Gender-Equal Society」。ジェンダー平等（→p12）な社会の実現をめざして、日本国内では、現在、右にあるような取りくみがおこなわれています。

● ポジティブ・アクション

男女が社会の対等な構成員として、社会のあらゆる分野において均等な取りあつかいを実現するための取りくみ。固定的な男女による役割分担をなくし、はたらく意欲と能力のある女性が活躍できるよう各団体、企業、大学、研究機関などが自主的に取りくみをおこなうようにする。下はその一例。

- 管理職になっている女性が、男性と比べてきわめて少ないような企業や団体で、女性の管理職候補者を対象とする研修の実施、女性に対する昇進・昇格試験受験の奨励などの取りくみをおこなう。

- 現在、女子学生の比率が低い工業系や理系の大学などで、女子学生の割合を積極的にふやす目的で、入試に「女子枠」を設ける。

大和ハウス工業株式会社では、2011年から女性管理職候補者を対象にした研修を実施している。

●女性に対する暴力の根絶

15ページにも記したように、女性に対する配偶者からの暴力や性犯罪、ストーカー行為、売春（むりやりからだを売る商売）、人身取引やセクシャルハラスメント（→1巻p30）などは、現在もあとを絶たない。暴力をふるわれても声をあげられないような人のために相談ができる窓口を設け、対処する方法を相談できるようにする。

●イクメン（育MEN）プロジェクト

これは、その名のとおり、育児をおこなう男性を推進していくプロジェクト。子育ては女性がするものというイメージを是正するため、男性も育児に参加し、育児休業（育休→p30）を取得できるよう政府もはたらきかけている。男性の育児休業取得率を2025年までに30%にあげることなどを目標に、民間企業と連携をしながら仕事と家庭の調和の実現に取りくむ。

育てる男が、家族を変える。社会が動く。

育MEN
イクメンプロジェクト

イクメンプロジェクトのロゴマーク。

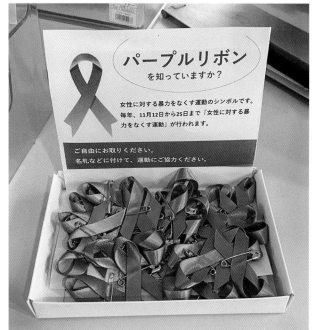

内閣府は、11月12〜25日を「女性に対する暴力をなくす運動」期間と定めている。2021年に新潟県の佐渡市役所は、この期間中に、女性に対する暴力の根絶の象徴である「パープルリボン」を無料配布した。

●民間企業の育児休業取得率の推移

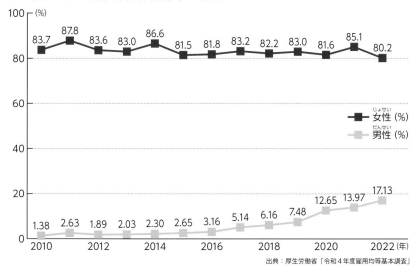

出典：厚生労働省「令和4年度雇用均等基本調査」

左のグラフのように男性の育休取得率は伸びているけれど、育休期間は女性では1年前後が約6割を占め、男性は2週間未満が多いそうだよ。まだまだ男女の差が大きいね。

もっとくわしく

日本の現状

日本では1986年に「男女雇用機会均等法（→p11）」が、1999年には「男女共同参画社会基本法（→p30）」が制定され、ジェンダー平等が実現するかにみえた。だが、残念ながら今でもジェンダー平等の実現が遠い国だといわれている。男女間の賃金格差や、非正規雇用（→p19）

の割合も女性のほうがはるかに高い。また、同じときに就職して経験をつんでも、女性が指導的地位（管理職など）につけないこともある。たとえば2003年、男女共同参画推進本部が「社会のあらゆる分野において、2020年までに指導的地位に女性が占める割合を少なくとも30%程度になるよう期待するという目標」をかかげた。しかし、その後達成を断念。「2020年代の可能な限り早期に」と先送りされた。

現在の日本の子育て支援の状況

女性の社会進出をはばむ大きな要因に、仕事と子育ての両立への負担があります。子育てをしながらでも女性の能力をじゅうぶんに発揮できるよう、社会の制度を見直す必要があります。

子ども・子育て支援新制度

「子ども・子育て支援新制度」は、子どもを育てやすい環境にするために子育てのさまざまな課題を解決して、安心して子育てできるように決められた国の制度です（2015年スタート）。親の就労にかぎらず入園できる「認定こども園」の普及や、0〜2歳の子どもを少人数で保育する地域型保育の設置、地域の子育て支援拠点（子育てひろばな

ど）や子どもの一時あずかり所の設置など、これまでの保育園や幼稚園に加えて日中に保護者がはたらいているあいだ、子どもをあずけることができる施設をふやそうとしています。また、小学校入学後の放課後児童クラブの対象年齢も、これまでの小学1〜3年生（おおむね10歳未満）から、全学年に拡大されるなど、保護者の就労状況にあった支援を受けられるように考えられています。

2023年4月1日、こども政策に取りくむ司令塔として、こども家庭庁（→2巻p12）が発足。同月3日には、発足式がおこなわれ、岸田文雄首相も出席した。

厚生労働省の調査で、2022年度の男性の育児休業取得率は約17％と、10年連続で上昇していることがわかった。しかし、希望者が育休を取得しやすい環境づくりや中小企業の取得促進など課題は多い。

👪 「次元の異なる少子化対策」の実現に向けて

上の見出しは、2023年、こども政策の強化に関する関係府省会議で公表されたものです。日本の少子化は歯止めのきかない状況になることが予想されるとして、2030年代に入る前に少子化傾向を反転させようと、さらに子育て支援を強化しようとしています。

その取りくみのひとつにあげられているのが「共働き・共育ての推進」です。男性の育児休業（育休→p30）取得率の目標引きあげ、男女で育休を取得した場合の育休給付率を手取り100％に、男性の育休をささえるための体制整備をおこなう中小企業への支援など、女性だけが育児を負担するという固定観念にとらわれず、男性も育児に参加することをすすめています。

母親だけが育児や子育てを負担するのではなく、社会全体で子育てになっていこうというのは、ヨーロッパではふつうのことになっていたよ。

・ノルウェー：父親と母親の両方が育児休業制度を利用。育休中も賃金の80〜100％が保障される。赤ちゃんが1歳になったときには、親の就労状況に関係なく、すべての子どもが保育園に通える。
・フランス：最長3年間は育休が取得でき、育休後も出産前と同等の地位が保証されている。さらに子どもの長期休暇にあわせて、年間5週間の有給休暇を取得することも可能。
・スウェーデン：男性の育休取得率が90％近くにのぼる。父親・母親あわせて480日の育休を取得できるが、そのうち90日は相手にゆずることができないと法律で決まっている。また、子どもが8歳になるまで勤務時間を短縮できる。

専業主婦ではいけないの？

日本でも共働き家族がふえ、女性の社会進出が進んできています。
では、専業主婦を選ぶのは時代おくれなのでしょうか？
外ではたらくべきなのでしょうか？

専業主婦とは

日本は、専業主婦の割合が先進国のなかでも高いといわれています。でも、下のグラフを見ると、昭和の時代には圧倒的に専業主婦世帯が多いですが、だんだん共働き世帯の数がふえていることがわかります。2022年では、専業主婦世帯は539万世帯、共働き世帯は1262万世帯で、専業主婦世帯の割合は、夫婦がいる全世帯の3割程度でした。

専業主婦世帯と共働き世帯の世帯数が逆転したのは、1990年代後半からです。そのころ、雇用に関する男女の不平等をなくすための法律が次つぎに成立。1999年に「男女共同参画社会基本法（→p30）」が施行されると、女性の社会進出が一気に進み、共働きで生活をしていく家庭がふえました。

●専業主婦世帯と共働き世帯の推移
（1980〜2022年）

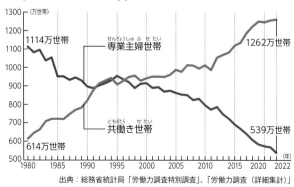

出典：総務省統計局「労働力調査特別調査」、「労働力調査（詳細集計）」

専業主婦はほんとにへっている？

ところが、左下のグラフでは、夫婦ともに少しでも収入があれば共働き世帯に数えられています。男性のはたらき方にはあまりかわりはないですが、女性のはたらき方は多様です。

下の円グラフを見ると、共働き世帯の妻の労働時間は、週に35時間未満が過半数となっています。35時間というのは、1日7時間が正規の労働時間として、1週間（5日）はたらいた場合。フルタイムではたらけば35時間以上になりますが、パートタイムではたらいた場合は35時間より少なくなります。妻がはたらく場合、年収が一定の金額をこえると税金や社会保険上の問題で夫の手取り額がへってしまうため、パートではたらく妻が多いのが現実です。巻頭絵本の7ページに記した「専業主婦」の定義だと、こうした女性も専業主婦にふくまれることになりそうです。

●共働き世帯の妻の週あたりの労働時間
（2018年）

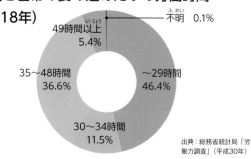

出典：総務省統計局「労働力調査」（平成30年）

専業主婦は眠れる人材

これまで専業主婦世帯は、男性の収入だけで家計をささえ、女性はまったくはたらかずに家庭をささえていました。ところが、男性の収入が減少傾向にあることなどから、女性が家計にも貢献しなければならなくなりました。また、少子高齢化で労働力が不足し、はたらき手が求められています。そうしたことから、既婚女性が子育てをしながらはたらくという選択をし、共働き世帯がふえました。

しかし、共働きといっても、はたらく意欲と能力がありながら、安い賃金で単純作業の仕事についたり、納得できないはたらき方をしたりしていることもあります。仕事も育児も中途半端という思いから自己嫌悪におちいる女性も少なくありません。また、夫の収入では家計をまかないきれず、はたらく意欲がありながらも、子育てや看病、介護など事情があってはたらくことができない専業主婦もいます。

いずれにせよ、主婦は、出産や育児で家庭の仕事に専念していても、時期が来たら（本人の希望があれば）、自分のやりたい仕事や活動にもどれるなど、いつでも社会復帰できるような環境づくりが求められています。

主婦の社会進出はさまざま

ところで女性の社会進出というと、収入のある仕事につくことだと思われがちですが、ボランティア活動で地域や社会のためにはたらくことも、社会参加のひとつです。子どものPTA活動、地域のイベントの手伝い、子ども食堂の手伝い、学校の図書ボランティアなど、身のまわりには、さまざまな社会活動があります。営利を目的としない民間グループをつくって活動する人もいます。経験をいかして、はたらく外国人に日本語を教える活動をしている人もいます。

家事が無償労働（→p30）として評価されるように、ボランティア活動も社会の課題に取りくむ無償労働として、大切な仕事です。

家事援助・家事代行、訪問育児支援など、家事や子育てといった経験をいかして社会で活躍する人もいる。

巻頭絵本でも見たように、家事・育児に専念しているママたちは、社会から孤立してしまうこともあるよね。はたらきつづけたいと思うママも、育児と仕事の両立は大変。だから、男性の家事・育児参加が求められているのだけれど、それができるようにするには、男性のはたらき方改革が必要だね。残業や休日出勤が当たり前になっていたら、家のことは二の次になってしまう。男性の育児休業取得率が低いのも、仕事がいそがしくて休めない、職場が育児休業を取得しづらい雰囲気など、仕事や職場環境を理由にあげる人が多いんだ。「男性の家庭進出」を進めるには、どうしたらいいのかな？　みんなは、どう思う？

用語解説

1886～1971年。評論家、婦人運動家。本名は奥村明。日本女子大学卒。1911年に青鞜社を設立し、女性文芸誌『青鞜』を刊行した。創刊号に、日本の女権宣言といわれる「元始、女性は太陽であった」を執筆。1920年には、婦人運動家・市川房枝（1893～1981年）らとともに、女性の政治的自由を要求する団体「新婦人協会」を設立した。戦後も平和運動と女性運動に注力。

連合国最高司令官総司令部のことで、General Headquartersの略。第二次世界大戦後、降伏した日本を占領・監督するために、アメリカをはじめとした連合国が設けた総司令部。1945～1952年にかけて日本を統治。ここから日本政府に指令が出され、さまざまな改革がおこなわれた。

正式名称は「育児休業等に関する法律」。1991年成立、1992年施行。もともと育児休業は、女性の看護師や教師などに限定されていたが、この法律によって、男女問わずすべての労働者が育児のために休めるようになった。原則、雇用主は従業員の育休の申し出や取得などをこばむことはできず、また、それらを理由に解雇、その他の不利益な取りあつかいをおこなうことも禁じられている。1995年の改正で介護休業の制度が盛りこまれ、名称が「育児休業、介護休業等育児又は家族介護を行う労働者の福祉に関する法律（育児・介護休業法）」に変更された。

1981年、国際労働機関（ILO）で採択された条約。日本は1995年に批准、1996年発効。子どもや障がい者、高齢者など、世話や介護を必要とする家族の面倒を見るために職業生活に支障をきたすような男女の労働者に対して、できるかぎり職業上の責任と家族的責任とを両立できるようにすることを目的としている。

男女がたがいの人権を尊重し、責任をわかちあい、性別に関係なく能力を発揮できる社会を実現するために、国や地方自治体、国民がすべきことを定めた法律。1999年施行。基本理念として、①男女の人権の尊重　②社会における制度または慣行についての配慮　③政策等の立案および決定への共同参画　④家庭生活における活動とほかの活動の両立　⑤国際的協調　をかかげている。

1971年に設立された非営利財団。スイスのジュネーブに本部をおく。経済の発展や地球環境の保護、貧困や差別の撲滅、国際平和の推進などのために活動している。

賃金や報酬が支払われない労働や活動のこと。その典型は家事、育児、介護といわれる。1995年に北京で開催された国連の世界女性会議において、女性が無償労働の大部分をになっているにもかかわらず正当に評価されていないという問題が示され、世界中で数量的に評価する研究がはじまった。

Gross Domestic Product の頭文字をとった言葉で、日本語では「国内総生産」。一定期間、国内で生産されたものやサービスの金額の合計のこと。GDPには名目値と実質値があり、名目GDPは、実際に取りひきされる価格にもとづいて推計されるため、物価変動の影響を受ける。実質GDPは、ある年（基準年）の価格水準を基準として、物価変動の要因が取りのぞかれている。そのため、景気や経済成長率を見る場合、名目GDPだけでなく実質GDPも重視される。

原則１歳未満の子どもを育てるために休みをとること。育児・介護休業法で定められている。正社員だけでなく、パートやアルバイトなどの非正規社員も対象。一定の要件を満たせば、育児休業給付金を受けとることができる。

さくいん

■著

稲葉　茂勝（いなば　しげかつ）

1953年、東京都生まれ。東京外国語大学卒。編集者としてこれまでに1500冊以上の著作物を担当。自著も100冊を超えた。近年子どもジャーナリスト（Journalist for Children）として活動。2019年にNPO法人子ども大学くにたちを設立し、同理事長に就任して以来「SDGs子ども大学運動」を展開している。

■協力

渡邉　優（わたなべ　まさる）

1956年、東京都生まれ。東京大学法学部卒業後、外務省に入省、在ジュネーブ政府代表部公使、在キューバ大使などを歴任。2023年度から成蹊大学客員教授。国連英検指導検討委員、日本国際問題研究所客員研究員なども務める。

■絵本

文：**田中　ひろし**（たなか　ひろし）　　絵：**荒賀　賢二**（あらが　けんじ）

■絵本協力

高橋　秀雄（たかはし　ひでお）

■編

こどもくらぶ（見学さやか、中西夏羽）

あそび・教育・福祉の分野で子どもに関する書籍を企画・編集している。図書館用書籍として年間100タイトル以上を企画・編集している。主な作品は、「未来をつくる！　あたらしい平和学習」全5巻、「政治のしくみがよくわかる　国会のしごと大研究」全5巻、「海のゆたかさをまもろう！」全4巻、「『多様性』ってどんなこと？」全4巻（いずれも岩崎書店）など多数。

■デザイン・制作

（株）今人舎（矢野瑛子・佐藤道弘）

■校正

（株）鷗来堂

■写真提供

p24：大和ハウス工業株式会社
p25：佐渡市
p26：内閣広報室

■写真協力

表紙：digitalskill©123RF.com
p10：写真提供　ユニフォトプレス
p11：写真：アフロ
p12：DFID - UK Department for International Development
p14：Southbank Centre
p15：© David Molina | Dreamstime.com
p18：ケイーゴ・K / PIXTA（ピクスタ）
p19：ふじよ / PIXTA（ピクスタ）
p20：hirost / PIXTA（ピクスタ）
p21：Xeno / PIXTA（ピクスタ）
p22：Ushico / PIXTA（ピクスタ）
p23：塩大福 / PIXTA（ピクスタ）
p27：y.uemura / PIXTA（ピクスタ）
p29：Fast&Slow / PIXTA（ピクスタ）

この本の情報は、2023年11月までに調べたものです。今後変更になる可能性がありますので、ご了承ください。

気づくことで 未来がかわる 新しい人権学習 ⑤女性の人権問題とは？　人権問題？ おおげさじゃないの？　　NDC367

2024年2月29日　　第1刷発行

著　　　稲葉茂勝
編　　　こどもくらぶ
発行者　小松崎敬子
発行所　株式会社 岩崎書店　　〒112-0005　東京都文京区水道1-9-2
　　　　　　　　　　　　　　　電話　03-3813-5526（編集）　03-3812-9131（営業）
　　　　　　　　　　　　　　　振替　00170-5-96822
印刷所　広研印刷株式会社　　　製本所　大村製本株式会社

32p 29cm×22cm
ISBN978-4-265-09154-6

気づくことで 未来がかわる
新しい人権学習

全6巻

著/稲葉茂勝